LE FONCTIONNEMENT DE L'ENTREPRISE 2

POURQUOI TENIR UNE COMPTABILITE 12

    Les Documents de Synthèse en Comptabilité Générale 13

LE BILAN 16

    L'actif 18

    Le passif 20

LE TABLEAU COMPTE RESULTAT 24

CONNECTION ENTRE LE BILAN LE TABLEAU COMPTE RESULTAT. 28

COMPTABILITE DES OPERATIONS COURANTES 31

    Comptabilité en partie double : 31

    Le plan comptable général : 40

    ZOOM sur La taxe sur la valeur ajoutée 44

    Comptabilisation des opérations les plus courantes 48

ANALYSE DES DOCUMENTS DE SYNTHESE 59

    Analyse des bilans 61

        a-   La structure de l'entreprise : 61

        b-   Endettement et autonomie financière : 63

        C- Solvabilité et liquidité : 65

    Analyse du tableau de compte de résultat 67

        a-   L'évolution de l'activité de l'entreprise : 67

        b-   La profitabilité 68

        c-   La maitrise des charges 69

        d-   La richesse créée par l'entreprise 70

    Analyse de la rentabilité de l'entreprise 72

LE FONCTIONNEMENT DE L'ENTREPRISE

Economiquement :

L'entreprise est un ensemble de moyens humains et matériels organisés pour produire des biens et services marchands dans un but lucratif.

Quels moyens ?

Moyens humains : savoir-faire des salariés – main d'œuvre qualifiée.

Moyens matériels : Machines – fonds de commerce – logiciels.

Pourquoi l'entreprise est considérée comme une organisation ?

L'entreprise est considérée comme une organisation pour plusieurs raisons fondamentales, qui touchent à sa structure, ses objectifs et ses modes de fonctionnement. Voici une explication détaillée :

1. Structure Hiérarchique et Organisationnelle

L'entreprise dispose d'une structure organisationnelle qui définit les rôles, les responsabilités et les relations hiérarchiques entre les membres de l'organisation. Cette structure permet de coordonner les efforts de tous pour atteindre des objectifs communs. La structure peut être formelle avec des organigrammes et des descriptions de poste, ou plus informelle, mais elle existe toujours.

2. Objectifs Communs

Comme toute organisation, l'entreprise a des objectifs spécifiques qu'elle cherche à atteindre. Ces objectifs peuvent être financiers (comme la maximisation des profits), sociaux (comme l'amélioration des conditions de travail), environnementaux (comme la réduction de l'empreinte carbone), ou autres. Ces objectifs donnent une direction commune à l'ensemble des membres de l'entreprise.

3. Ressources et Gestion

L'entreprise utilise diverses ressources, humaines, financières, matérielles, et informationnelles, qu'elle doit gérer efficacement pour fonctionner. La gestion de ces ressources est essentielle pour réaliser les objectifs fixés et assurer la pérennité de l'organisation.

4. Processus et Systèmes

L'entreprise met en place des processus et des systèmes pour organiser et optimiser les activités nécessaires à son fonctionnement. Cela inclut la production, la gestion des ressources humaines, la finance, le marketing, etc. Ces processus et systèmes permettent d'assurer une certaine cohérence et efficacité dans les actions menées.

5. Coordination et Collaboration

Les activités au sein de l'entreprise nécessitent une coordination entre différentes parties prenantes. Que ce soit au sein des équipes ou entre différents départements, la collaboration est essentielle pour atteindre les objectifs organisationnels. Des réunions, des systèmes de communication interne et des outils de gestion de projet facilitent cette coordination.

6. Culture et Valeurs

L'entreprise, comme toute organisation, développe une culture et des valeurs partagées par ses membres. Cette culture influence les comportements, les pratiques de travail et l'engagement des employés. Elle peut inclure des valeurs telles que l'innovation, l'éthique, la qualité, et l'orientation client.

7. Réglementation et Conformité

L'entreprise doit également se conformer à diverses régulations et normes imposées par des entités externes (gouvernements, organismes de normalisation, etc.). Cela nécessite une organisation interne pour suivre et s'assurer du respect de ces règles.

Conclusion

En somme, l'entreprise est une organisation car elle rassemble des individus autour de buts communs, structurés de manière à utiliser efficacement des ressources à travers des processus coordonnés. Cette organisation permet de maximiser l'efficacité, la productivité et la capacité à atteindre les objectifs fixés.

Le But Lucratif de l'Entreprise : Rien n'est Gratuit

Une entreprise est avant tout une organisation qui cherche à faire des profits. Ce but lucratif est essentiel à sa survie et à son développement. Pour comprendre pourquoi tout tourne autour de l'argent dans une entreprise, il est important de savoir que chaque acteur impliqué a des attentes financières spécifiques.

Les Salariés et le Salaire

Les salariés travaillent dans l'entreprise en échange d'un salaire. Ce salaire n'est pas un cadeau, mais une rémunération pour leur temps, leurs compétences et leurs efforts. Sans cette rémunération, les employés ne pourraient pas subvenir à leurs besoins et à ceux de leurs familles. Ils travaillent pour gagner leur vie.

Les Investisseurs et les Dividendes

Les investisseurs mettent de l'argent dans une entreprise avec l'espoir de faire des bénéfices. En investissant, ils prennent un risque : l'entreprise pourrait prospérer et générer des profits, mais elle pourrait aussi échouer. Pour compenser ce risque, les investisseurs attendent des dividendes, c'est-à-dire une part des bénéfices réalisés par l'entreprise. Plus le risque est grand, plus les investisseurs espèrent recevoir en retour.

Les Banques et les Intérêts

Quand une entreprise emprunte de l'argent à une banque, ce n'est pas par pure générosité que la banque accorde ce prêt. Elle le fait en échange d'intérêts, qui sont une sorte de "loyer" pour l'utilisation de cet argent. Les banques prêtent de l'argent parce qu'elles s'attendent à récupérer plus que ce qu'elles ont prêté. Elles évaluent les risques avant de prêter : plus le risque est grand, plus le taux d'intérêt sera élevé.

Le Risque et la Rémunération

Dans le monde des affaires, le risque et la rémunération vont de pair. Si une entreprise prend de gros risques pour lancer un nouveau produit ou entrer sur un nouveau marché, elle espère en retirer de gros profits. De même, ceux qui soutiennent l'entreprise – que ce les investisseurs ou les banques – attendent une rémunération plus élevée en échange des risques accrus.

Conclusion

En somme, le but lucratif de l'entreprise est ce qui motive et justifie chaque transaction et chaque engagement. Rien n'est gratuit : chaque partie prenante – employés, investisseurs, banques – attend une compensation pour sa contribution et son risque. C'est cette recherche de profit qui permet à l'entreprise de grandir, d'innover et de prospérer, tout en satisfaisant les attentes financières de tous ceux qui participent à son succès.

Cette recherche de profit peut mener les entreprises à enfreindre les règles morales, et même parfois légales.

Citons des exemples :

Le roman LA JUNGLE

L'exemple classique et souvent cité de recherche de profit abusif dans la littérature américaine est le roman "La Jungle" ("The Jungle") de Upton Sinclair, publié en 1906. Ce livre expose les conditions de travail inhumaines et les pratiques déplorables dans les abattoirs et les usines de conditionnement de viande de Chicago au début du 20ème siècle.

Contexte du Roman

Le roman raconte l'histoire de Jurgis Rudkus, un immigrant lituanien, et de sa famille, qui viennent en Amérique à la recherche d'une vie meilleure. Ils trouvent du travail dans l'industrie de la viande à Chicago, mais ils sont rapidement confrontés à la réalité brutale de leur nouvelle vie.

Conditions de Travail

Les conditions de travail dans les usines décrites par Sinclair sont épouvantables. Les employés travaillent de longues heures pour des salaires de misère, dans des environnements insalubres et dangereux. La sécurité des travailleurs est négligée, entraînant de nombreux accidents et maladies. L'entreprise recherche le profit à tout prix, au détriment de la santé et du bien-être des travailleurs.

Pratiques Abusives

Sinclair décrit comment les entreprises maximisent leurs profits en trompant les consommateurs. La viande avariée est mélangée avec des produits frais, des substances chimiques sont utilisées pour masquer les odeurs de pourriture, et les conditions sanitaires sont déplorables. Tout cela est fait pour réduire les coûts et augmenter les marges bénéficiaires, sans aucun souci pour la qualité ou la sécurité des produits.

Conséquences Sociales et Morales

La quête de profit à tout prix dans "La Jungle" a des conséquences dévastatrices pour les travailleurs et leurs familles. Ils vivent dans la pauvreté, subissent des maladies, et perdent souvent leur emploi à cause d'accidents ou de la concurrence déloyale. Le roman met en lumière l'exploitation des immigrants et des classes ouvrières par les grandes entreprises industrielles de l'époque.

Impact du Roman

"La Jungle" a eu un impact significatif à son époque. Bien qu'il ait été écrit pour promouvoir les idées socialistes de Sinclair, c'est surtout pour ses révélations sur l'industrie de la viande qu'il est devenu célèbre. Le livre a choqué le public et a conduit à des réformes importantes, notamment la promulgation de la Pure Food and Drug Act et de la Meat Inspection Act en 1906, qui ont établi des normes pour la sécurité alimentaire et la protection des consommateurs.

Le Scandale "Dieselgate" de Volkswagen

Contexte

En 2015, il a été révélé que Volkswagen, l'un des plus grands constructeurs automobiles au monde, avait installé des logiciels truqués dans ses véhicules diesel pour manipuler les tests d'émissions aux États-Unis et dans d'autres pays. Ces logiciels étaient capables de détecter quand un test était en cours et ajustaient temporairement les performances du moteur pour réduire les émissions de polluants.

Pratiques Abusives

Pendant les tests, les véhicules équipés de ces logiciels respectaient les normes d'émissions. Cependant, en conditions de conduite normales, ils émettaient des niveaux de NOx (oxydes d'azote) jusqu'à 40 fois supérieurs aux limites autorisées. Volkswagen a vendu environ 11 millions de véhicules avec ce logiciel à travers le monde, trompant les régulateurs et les consommateurs.

Motivation du Profit

La motivation derrière cette fraude était clairement le profit. En truquant les tests d'émissions, Volkswagen pouvait vendre des véhicules qui semblaient écologiques et conformes aux réglementations strictes en matière d'émissions, tout en évitant les coûts de développement de moteurs réellement conformes. Cela leur permettait de gagner des parts de marché et de réaliser des économies significatives.

Conséquences

Les conséquences pour Volkswagen ont été sévères :

- **Amendes et Poursuites** : La société a dû payer plus de 30 milliards de dollars en amendes, règlements et compensations.

- **Réputation** : La réputation de Volkswagen a été gravement entachée, affectant la confiance des consommateurs.

- **Réglementation** : Le scandale a conduit à des réglementations plus strictes et à des tests d'émissions plus rigoureux à travers le monde.

Leçons Apprises

Le scandale Dieselgate a mis en lumière comment la quête de profit peut pousser des entreprises à enfreindre les règles, tant légales que morales. Il a également souligné l'importance de la transparence, de l'éthique et de la responsabilité dans les pratiques commerciales.

En bref :

L'exemple de Volkswagen et du Dieselgate montre comment une entreprise peut violer les normes pour maximiser ses profits, au détriment de la loi et de l'éthique. Ce scandale est un rappel puissant des risques et des conséquences associés à des pratiques commerciales malhonnêtes dans la recherche du profit.

Juridiquement : On distingue des entreprises de personnes et entreprises de capitaux

La distinction entre une entreprise de personne et une entreprise de capitaux est fondamentale dans le domaine juridique et organisationnel des affaires. Ces deux types d'entreprises diffèrent principalement en termes de structure, de responsabilité, de gestion et de financement.

Entreprise de Personne

Une entreprise de personne est une entreprise où la personnalité et la participation active des propriétaires sont essentielles. Les caractéristiques principales incluent :

1. Structure Juridique :

    - Les entreprises de personne sont souvent des entreprises individuelles, des sociétés en nom collectif (SNC), ou des sociétés en commandite simple (SCS).

2. Responsabilité :

    - Les propriétaires ont une responsabilité illimitée. Cela signifie qu'ils sont personnellement responsables des dettes et des obligations de l'entreprise. En cas de faillite, leurs biens personnels peuvent être saisis pour rembourser les créanciers.

3. Gestion :

    - La gestion de l'entreprise est généralement assurée directement par les propriétaires ou les associés. La prise de décision est souvent rapide, car elle implique moins de formalités.

4. Capital :

- Le capital de l'entreprise provient principalement des apports des propriétaires ou des associés. Il est souvent plus limité par rapport aux entreprises de capitaux.

5. Avantages :

- Simplicité de la création et de la gestion.

- Moins de formalités administratives et de coûts initiaux.

6. Inconvénients :

- Responsabilité personnelle illimitée.

- Difficulté à lever des fonds importants.

Entreprise de Capitaux

Une entreprise de capitaux est une entreprise où le capital investi joue un rôle plus crucial que la personnalité des propriétaires. Les caractéristiques principales incluent :

1. Structure Juridique :

- Les entreprises de capitaux comprennent principalement les sociétés anonymes (SA), les sociétés par actions simplifiées (SAS), et les sociétés à responsabilité limitée (SARL).

2. Responsabilité :

- Les actionnaires ou les associés ont une responsabilité limitée au montant de leur apport. Ils ne risquent pas leurs biens personnels, sauf en cas de faute grave.

3. Gestion :

- La gestion de l'entreprise est souvent confiée à un conseil d'administration ou à des dirigeants désignés par les actionnaires. La prise de décision peut être plus complexe en raison des structures formelles de gouvernance.

4. Capital :

- Le capital social est constitué par les apports des actionnaires ou des associés et peut être augmenté par l'émission d'actions ou d'obligations. Cela permet de lever des fonds plus importants.

5. Avantages :

- Responsabilité limitée des propriétaires.

- Capacité à lever des fonds significatifs pour le développement et l'expansion.

6. Inconvénients :

- Formalités administratives et coûts de création et de gestion plus élevés.

- Processus décisionnel potentiellement plus lent en raison de la structure de gouvernance.

Résumé des Différences

Caractéristiques	Entreprise de Personne	Entreprise de Capitaux
Responsabilité	Illimitée	Limitée
Gestion	Propriétaires/Associés	Dirigeants désignés
Capital	Apports personnels	Apports en capital social
Formalités	Moins de formalités	Plus de formalités
Levier financier	Limitée	Élevée

POURQUOI TENIR UNE COMPTABILITE

Une entreprise tient une comptabilité pour des raisons très simples et importantes. Voici pourquoi, expliqué de manière claire et facile à comprendre :

1. **Savoir Combien On Gagne et On Dépense :**

   - C'est comme tenir un carnet où on note tout ce qu'on gagne et tout ce qu'on dépense. Sans ça, on ne saurait pas si on fait des bénéfices ou si on perd de l'argent.

2. **Payer les Impôts :**

   - Le gouvernement veut savoir combien l'entreprise gagne pour calculer combien elle doit payer en impôts. Si on ne tient pas de comptabilité, c'est comme dire "je ne sais pas combien je dois payer" et ça peut causer de gros problèmes.

3. **Obtenir des Prêts :**

   - Quand on veut emprunter de l'argent à la banque, la banque demande à voir nos comptes pour être sûre qu'on pourra rembourser. Sans comptabilité, c'est comme aller voir la banque sans preuves de nos revenus et dépenses.

4. **Faire de Bons Choix :**

   - Avec une bonne comptabilité, on voit clairement où va l'argent. Ça aide à prendre de bonnes décisions, comme savoir si on peut se permettre d'acheter du nouveau matériel ou embaucher plus de personnel.

5. **Éviter les Problèmes :**

   - Une comptabilité bien tenue permet de suivre de près les finances et d'éviter les erreurs ou les fraudes. C'est comme vérifier régulièrement ses comptes pour être sûr que tout va bien.

6. **Informer les Partenaires** :

- Les associés, les investisseurs ou les partenaires commerciaux veulent savoir comment se porte l'entreprise. La comptabilité leur montre une image claire et fiable de la santé financière de l'entreprise.

En résumé, la comptabilité, c'est comme tenir un journal de bord financier de l'entreprise. C'est indispensable pour savoir où on en est, pour prouver ce qu'on gagne et ce qu'on dépense, et pour éviter les mauvaises surprises.

Les Documents de Synthèse en Comptabilité Générale

Les Documents de Synthèse

En tenant une comptabilité générale, une entreprise aboutit à la création de documents de synthèse. Ces documents sont essentiels pour avoir une vue d'ensemble de la santé financière de l'entreprise. Les principaux documents de synthèse sont :

- **Le Bilan** : Il montre tout ce que l'entreprise possède (actif) et tout ce qu'elle doit (passif) à la fin de l'exercice comptable. C'est comme une photo instantanée de sa situation financière à un moment donné.

- **Le Compte de Résultat** : Il résume tous les revenus et toutes les dépenses de l'entreprise sur une période donnée (généralement une année). C'est comme un bulletin de notes qui montre si l'entreprise a fait un profit ou une perte.

- **Les Annexes** : Ce sont des notes explicatives qui complètent le bilan et le compte de résultat. Elles fournissent des détails supplémentaires pour mieux comprendre les chiffres présentés

Synthèse vs Analyse

- **Synthèse** : En comptabilité générale, on fait une synthèse des données financières. Cela signifie qu'on rassemble et résume toutes les informations comptables pour fournir une vue globale de la situation financière de l'entreprise. C'est un peu comme résumer un livre en quelques pages.

- **Analyse** : À l'inverse, l'analyse consiste à décomposer et examiner les détails. En comptabilité analytique, on analyse les coûts pour comprendre où l'argent est dépensé et comment optimiser les dépenses. Cela peut aider à identifier quelles parties de l'entreprise sont les plus rentables ou les plus coûteuses.

Comptabilité Analytique

En plus de la comptabilité générale, les entreprises utilisent souvent la comptabilité analytique pour aller plus loin dans la compréhension de leurs finances. Cette approche se concentre sur l'analyse détaillée des coûts et des performances :

- **Analyse des Coûts** : On examine les coûts liés à chaque produit, service ou activité. Cela permet de comprendre précisément où l'argent est dépensé.

- **Optimisation** : En analysant ces coûts, l'entreprise peut identifier des moyens de réduire les dépenses inutiles et d'optimiser ses opérations.

Conclusion

En résumé, la comptabilité générale permet de créer des documents de synthèse comme le bilan, le compte de résultat et les annexes, qui fournissent une vue globale de la santé financière de l'entreprise. En parallèle, la comptabilité analytique se concentre sur l'analyse détaillée des coûts pour aider l'entreprise à améliorer sa rentabilité et son efficacité.

LE BILAN

Imaginons une petite boutique de vêtements. À la fin de l'année, la proprio veut savoir ce que sa boutique possède et ce qu'elle doit. Pour cela, elle va dresser un bilan. Voici à quoi ça pourrait ressembler :

Actif (Ce que la boutique possède)

- **Caisse et Banque** : 5 000 €

    - L'argent que la boutique possède en liquide et sur son compte en banque.

- **Stock de Vêtements** : 10 000 €

    - La valeur des vêtements détenu en magasin.

- **Mobilier et Équipement** : 3 000 €

    - La valeur des étagères, des cintres, des caisses enregistreuses, etc.

- **Créances Clients** : 2 000 €

    - L'argent que doivent des clients à la boutique qui n'ont pas encore payé leurs factures.

Passif (Ce que la boutique doit)

- **Emprunt Bancaire** : 7 000 €

    - L'argent que la boutique doit à la banque pour un prêt qu'elle a contracté pour acheter du stock ou rénover le magasin.

- **Fournisseurs** : 2 500 €

    - L'argent que la boutique doit aux fournisseurs pour les vêtements qu'elle a achetés mais pas encore payés.

- **Capital** : 10 500 €

  - L'argent que la propriétaire a investi au départ dans sa boutique.

Bilan

Pour résumer, voici le bilan de la boutique :

ACTIFS	PASSIFS
Mobiliers et équipements : 3000 €	Capital social : 10 500 €
Stock de vêtements : 10 000 €	
Créances clients : 2000 €	Emprunt bancaire : 7000 €
Caisse et banque : 5000 €	Fournisseurs : 2500 €
Total des actifs : 20 000 €	Total des passifs : 20 000 €

Explication

1. **Actif Total** : 20 000 €

   - Cela montre tout ce que la boutique possède à un moment précis.

2. **Passif Total** : 20 000 €

   - Cela montre tout ce que la boutique doit et l'argent que le propriétaire a investi.

Pourquoi c'est Important ?

- **Voir la Situation Financière** : Le bilan montre clairement ce que l'entreprise possède et ce que l'entreprise doit.

- **Décisions Futures** : En connaissant la situation financière, la propriétaire peut prendre de meilleures décisions, comme savoir si elle peut se permettre d'acheter plus de stock ou de rénover sa boutique.

- **Informations pour les Partenaires** : Si la proprio veut obtenir un prêt ou attirer des investisseurs, ils voudront voir le bilan pour savoir si la boutique est fiable.

L'actif

L'actif d'une entreprise, c'est tout ce qu'elle possède et qui a de la valeur. C'est comme dresser une liste de tous les trésors de la boîte. On peut diviser l'actif en différentes catégories pour mieux comprendre ce qu'on a. Voici une explication simple de chaque composante :

Actif Immobilisé (ou Actif à Long Terme)

Ce sont les éléments que l'entreprise possède et utilise pendant longtemps, généralement plus d'un an.

- **Immobilisations Corporelles** :

    - Ce sont les biens matériels comme les bâtiments, les machines, les véhicules, et les équipements. Pour une boutique de vêtements, cela inclut les étagères, les cintres, les caisses enregistreuses, etc.

- **Immobilisations Incorporelles** :

    - Ce sont les biens immatériels comme les brevets, les marques, ou les logiciels. C'est comme avoir des droits exclusifs sur un design de vêtements ou une marque de fabrique.

- **Immobilisations Financières** :

    - Ce sont les investissements à long terme, comme les actions d'autres entreprises ou les prêts accordés qui ne seront pas remboursés tout de suite.

Actif Circulant (ou Actif à Court Terme)

Ce sont les biens que l'entreprise va utiliser ou transformer en argent dans un délai court, généralement moins d'un an.

- **Caisse et Banque** :

  - C'est l'argent liquide que l'entreprise a en caisse et sur ses comptes bancaires. C'est comme l'argent de poche de l'entreprise, prêt à être utilisé à tout moment.

- **Créances Clients** :

  - C'est l'argent que les clients doivent à l'entreprise parce qu'ils n'ont pas encore payé leurs factures. Imagine que tu as vendu des vêtements, mais que certains clients ne t'ont pas encore payé. C'est de l'argent qui va arriver bientôt.

- **Stock** :

  - Ce sont les produits que l'entreprise a en magasin ou en entrepôt, prêts à être vendus. Pour une boutique de vêtements, c'est la valeur des vêtements sur les étagères et dans l'arrière-boutique.

- **Autres Actifs Circulants** :

  - Cela peut inclure des choses comme des avances faites à des employés ou des paiements anticipés pour des services futurs.

Résumé des Composantes de l'Actif

Composante	Exemple
Caisse et Banque	Argent liquide, comptes bancaires
Créances Clients	Factures non payées par les clients
Stock	Vêtements en magasin ou en entrepôt
Immobilisations Corporelles	Étagères, cintres, caisses enregistreuses
Immobilisations Incorporelles	Marques, brevets, logiciels
Immobilisations Financières	Actions, prêts à long terme

Le passif

Le passif d'une entreprise, c'est tout ce qu'elle doit. C'est comme dresser la liste de toutes les dettes et des obligations de l'entreprise. On peut diviser le passif en différentes catégories pour mieux comprendre ce qu'on doit. Voici une explication simple de chaque composante :

Capitaux Propres

Ce sont les ressources financières de l'entreprise qui appartiennent aux propriétaires ou aux actionnaires. C'est ce qu'il reste après avoir soustrait toutes les dettes de l'actif.

- **Capital Social :**
    - C'est l'argent que les propriétaires ou les actionnaires ont investi dans l'entreprise au départ.

- **Réserves :**
    - Ce sont les bénéfices que l'entreprise a conservés au fil des ans au lieu de les distribuer aux actionnaires. C'est un peu comme des économies mises de côté.

- **Résultat de l'Exercice** :

  - C'est le profit ou la perte de l'année en cours. Si l'entreprise a gagné de l'argent, c'est un profit ; si elle en a perdu, c'est une perte.

2. Passif à Long Terme (ou Passif Non Circulant)

Ce sont les dettes et obligations que l'entreprise doit rembourser ou régler sur une période plus longue, généralement plus d'un an.

- **Emprunts à Long Terme** :

  - Ce sont des prêts que l'entreprise doit rembourser sur plusieurs années. Comme par exemple un emprunt immobilier pour acheter les murs de la boutique.

- **Dettes Fiscales à Long Terme** :

  - Ce sont des impôts que l'entreprise doit payer mais qui sont étalés sur plusieurs années.

- **Provisions pour Risques et Charges** :

  - C'est de l'argent mis de côté pour des dépenses futures possibles, comme des réparations importantes ou des litiges juridiques. C'est un peu comme un fonds d'urgence.

Passif à Court Terme (ou Passif Circulant)

Ce sont les dettes et obligations que l'entreprise doit rembourser ou régler dans un délai court, généralement moins d'un an.

- **Dettes Fournisseurs :**

  - C'est l'argent que l'entreprise doit à ses fournisseurs pour les marchandises ou les services qu'elle a reçus mais pas encore payés. Par exemple, une boutique de vêtements doit peut-être de l'argent aux fabricants de vêtements.

- **Découverts Bancaires :**

  - C'est comme un compte en banque qui est dans le rouge. C'est de l'argent emprunté à la banque pour une courte période.

- **Emprunts à Court Terme :**

  - Ce sont des prêts que l'entreprise doit rembourser dans un délai court. C'est comme emprunter de l'argent à un ami en promettant de le rembourser rapidement.

- **Charges à Payer :**

  - Ce sont des dépenses que l'entreprise a engagées mais qu'elle n'a pas encore payées, comme les salaires des employés ou les factures d'électricité.

- **Autres Passifs à Court Terme :**

  - Cela peut inclure des avances reçues des clients pour des services ou des produits qui seront fournis plus tard.

Résumé des composants du passif

Composante	Exemple
Dettes Fournisseurs	Factures à payer aux fournisseurs
Découverts Bancaires	Compte en banque dans le rouge
Emprunts à Court Terme	Prêts à rembourser rapidement
Charges à Payer	Salaires, factures d'électricité non payées
Emprunts à Long Terme	Prêts pour plusieurs années (comme un crédit immobilier)
Dettes Fiscales à Long Terme	Impôts étalés sur plusieurs années
Provisions pour Risques	Argent mis de côté pour des dépenses futures
Capital Social	Investissement initial des propriétaires
Réserves	Bénéfices non distribués
Résultat de l'Exercice	Profit ou perte de l'année en cours

LE TABLEAU COMPTE DE RESULTAT

Le tableau de compte de résultat, c'est comme un récapitulatif des revenus et des dépenses de l'entreprise. Il liste tous les produits (les revenus) que l'entreprise a générés et toutes les charges qu'elle a supportées sur une durée précise appelée Exercice comptable (généralement un an). Cela nous donne les résultats, c'est-à-dire si l'entreprise a réalisé des bénéfices ou des pertes.

Ce tableau présente les éléments sur une période donnée, généralement une année comptable. Il classe les charges, les produits et les résultats en trois catégories principales :

1. **Exploitation** :

   - C'est tout ce qui concerne le cœur de métier de l'entreprise, comme les ventes de produits ou de services, ainsi que les dépenses liées à leur production.

2. **Financier** :

   - C'est tout ce qui concerne les finances de l'entreprise, comme les intérêts sur les emprunts ou les revenus provenant d'investissements financiers.

3. **Exceptionnel** :

   - Ce sont les événements ou les opérations qui ne se produisent pas régulièrement, comme les gains ou les pertes extraordinaires, les frais de restructuration, ou les charges liées à des événements imprévus.

En résumé, le tableau de compte de résultat nous donne une vue d'ensemble des performances financières de l'entreprise sur une période donnée, en détaillant ses revenus, ses dépenses et ses résultats dans différentes catégories. C'est un outil essentiel pour évaluer la santé financière d'une entreprise et prendre des décisions stratégiques.

L'exploitation de l'entreprise

L'exploitation est le cœur de l'activité de l'entreprise qui est un sens plus large.

Les charges d'exploitation sont les suivantes :

CHARGES D'EXPLOITATION	Explications
Achat des matières premières + Variation des stocks des MP	**Coût des matières consommées**
Achat des marchandises +Variation des stocks des marchandises	**Coût des marchandises vendues**
Charges externes	Tous les achats de services effectués
Impôt et taxes	
Salaires	
Charges sociales	**Coût des salariés**
Dotations aux amortissements	
	Pertes subies par les immobilisations due à l'usure
Dotations aux dépréciations	
	Pertes anticipées sur les actifs (autres que l'usure)
Autres charges	Les inclassables dans les autres rubriques (par exemple une créance perdue)

Les produits d'exploitation

PRODUITS D'EXPLOITATION	Explications
Vente de marchandises Vente des produits finis Vente des services	**Les ventes correspondent aux chiffres d'affaires**
Production stockée ou déstockée	Stockage ou déstockage des produits finis
Subvention d'exploitation	Aides reçues
Reprises sur dépréciations	Annulation des dépréciations antérieures
Autres produits	Les inclassables dans les autres rubriques

Reprenons l'exemple de la boutique de vêtement

L'activité du mois de janvier N

La boutique de vêtement achète 10 000 € de marchandises, elle en revend la moitié pour 25 000 €. Les salaires du mois sont de 1500 €. Elle fait appel à une entreprise de nettoyage qui facture 500 €. Le mobilier de l'entreprise a perdu 120 € de sa valeur due à son usure.

Une taxe d'entreprise de 200 €, reçu le 5 janvier et acquittée en février.

Toutes les dépenses ont été acquittées, et toutes les ventes encaissées.

- Classer ces charges
- Etablir un tableau de compte de résultat

Charges d'exploitation :

Achat des marchandises	10 000 €
Variation des stocks des marchandises	(5000 €)
Coût des marchandises vendues	5000 €
Charges externes	500 €
Impôt et taxe	200 €
Salaires et charges sociales	1500 €
Dotations aux amortissements (DAP)	120 €

Tableau de compte de résultat du mois de janvier :

CHARGES		PRODUITS	
Achat de marchandises	10 000 €	Vente de marchandises	25 000 €
Variation des stocks	(5000€)		
Charges externes	500 €		
Impôts et taxes	200 €		
Charges salariales	1500 €		
DAP	120 €		
TOTAL DES CHARGES	7 320 €	TOTAL DES PRODUITS	25 000 €
RESULAT (Bénéfice)	17 680 €		

Attention : Le résultat n'est pas la trésorerie. Réaliser un bénéfice de 17 680 €, ne signifie pas disposer d'un solde supplémentaire de 17 680 € en trésorerie.

CONNECTION ENTRE LE BILAN LE TABLEAU COMPTE RESULTAT

Reprenons l'exemple notre petite boutique.

La gérante est ravie de constater un bénéfice de 17 680 €, ce qui signifie que sa boutique s'est enrichie de ce montant. Cette augmentation devrait naturellement se refléter sur son bilan.

Le bilan avant l'activité du mois de janvier :

ACTIFS	PASSIFS
Mobiliers et équipements : 3000 €	Capital social : 10 500 €
Stock de vêtements : 10 000 €	
Créances clients : 2000 €	Emprunt bancaire : 7000 €
Caisse et banque : 5000 €	Fournisseurs : 2500 €
Total des actifs : 20 000 €	Total des passifs : 20 000 €

Les modifications apportées au bilan sont les suivantes :

1. Le résultat de 17 680 € vient augmenter les capitaux propres.

2. Le stock acheté et non vendu augmente le montant des stocks de 5 000 €.

3. Une dette fiscale de 200 € apparaît, correspondant à la taxe à payer en février.

4. La trésorerie augmente de 13 000 €.

5. La valeur du mobilier diminue en raison de l'usure.

Deux méthodes pour calculer la variation de trésorerie :

Méthode directe

	(+)	(-)	Aucun impact
Vente de marchandises	25 000 €		
Achat de marchandises		10 000 €	
Charges externes		500 €	
Impôt et taxes			Payé en février, aucun impact en janvier
Salaires		1500 €	
DAP			Charges non décaissables
TOTAL	25 000 €	12 000 €	
Variation	13 000 €		

Méthode indirecte (à partir du résultat) Elimination des éléments sans incidence sur la trésorerie

	(+)	(-)	Aucun impact
Résultat	17680 €		
DAP	120 €		
Dette fiscale	200 €		
Stock		5000 €	
TOTAL	18 000	5000 €	
Variation	13 000 €		

	Solde bilan 1	(+)	(-)	Solde bilan 2
Mobiliers	3000 €			3000 €
Amortissements	0 €	(120 €)		(120 €)
Stocks de marchandises	10 000 €	5 000 €		15 000 €
Créances client	2000 €			2 000 €
Banque	5000 €	13 000 €		18 000 €
TOTAL ACTIFS	**20 000 €**	**17 880 €**		**37 880 €**
Capital social	10 500 €			10 500 €
Résultat		17 680 €		17 680 €
Emprunt bancaire	7000 €			7000 €
Fournisseurs	2500 €			2500 €
Dette fiscale			200 €	200 €
TOTAL PASSIFS	**20 000 €**	**17 880 €**		**37 880 €**

L'enrichissement de la boutique sur la période de janvier correspond à la variation de ses actifs – la variation de ses passifs autres que le résultat

Soit 17 880 € - 200 € et c'est égal au résultat de **17 680 €**

Le bilan de clôture du mois de janvier

ACTIFS	PASSIFS
Mobiliers et équipements : 3000 €	Capital social : 10 500 €
(Moins) Amortissement : 120 €	Résultat : 17 680 €
Mobilier et équipements net : 2880 €	
	Emprunt bancaire : 7000 €
Stock de vêtements : 15 000 €	Fournisseurs : 2500 €
	Dette fiscale : 200 €
Créances clients : 2000 €	
Caisse et banque : 18 000 €	
TOTAL ACTIF : 37 880	**TOTAL PASSIF : 37 880 €**

COMPTABILITE DES OPERATIONS COURANTES

Comptabilité en partie double :

Comme nous l'avons observé, l'entreprise peut réaliser des opérations qui modifient la nature et la valeur de son patrimoine. Ces modifications se reflètent dans son bilan. Il est donc nécessaire d'enregistrer ces opérations dans le journal comptable de l'entreprise.

Chaque opération doit impérativement être accompagnée d'une preuve appelée pièce comptable. Seules les pièces comptables attestant d'un flux monétaire ou un flux de biens et services, entrant ou sortant sont enregistrées. Par exemple, si une boutique de vêtements reçoit un devis pour des travaux, ce devis ne sera pas comptabilisé. En revanche, si elle reçoit une facture attestant de la réalisation des travaux, cette facture doit être comptabilisée.

Le journal et les journaux auxiliaires :

La comptabilisation des pièces comptables s'effectue dans un journal. Comme son nom l'indique, le journal est un support (informatique) où sont enregistrées les opérations quotidiennement.

Le journal est souvent scindé en plusieurs journaux auxiliaires pour des besoins d'organisation. Chaque type d'opération est enregistré dans un journal auxiliaire spécifique. Par exemple, les opérations de trésorerie sont enregistrées dans le journal de banque, les ventes dans le journal des ventes, et les achats dans le journal des achats. Cette organisation permet une gestion plus efficace et une meilleure traçabilité des différentes opérations comptables.

Journal auxiliaire ....

Numéro de compte	Désignation	Montants au débit	Montants au crédit
inscrire les numéros de compte, à débiter ou créditer	Inscrire les intitulés des comptes	Inscrire les montants, au débit ou au crédit	

DATE ....
Numéro de pièce comptable ....

Fin de l'enregistrement ,
et début de
l'enregistrement suivant

Comptabilisation en partie double : La comptabilité en partie double repose sur le principe que chaque opération affecte au moins deux comptes différents : un compte ou plusieurs comptes débités et un ou plusieurs comptes crédités. Voici comment les opérations de la boutique de vêtements se traduisent en comptabilité en partie double.

Reprenons les opérations effectuées par notre boutique en janvier N :

La boutique de vêtement achète 10 000 € de marchandises, elle en revend la moitié pour 25 000 €. Les salaires du mois sont de 1500 €. Elle fait appel à une entreprise de nettoyage qui facture 500 €. Le mobilier de l'entreprise a perdu 120 € de sa valeur due à son usure.

Une taxe d'entreprise de 200 €, reçu le 5 janvier et acquittée en février.

Toutes les dépenses ont été acquittées, et toutes les ventes encaissées.

Pour enregistrer les opérations comptables, il est nécessaire de débiter certains comptes et d'en créditer d'autres pour des montants correspondants.

Le principe de la comptabilité en partie double stipule que les montants débités doivent être EXACTEMENT égaux aux montants crédités.

Pour chaque opération à enregistrer, attestée par une pièce comptable, il convient de suivre les étapes suivantes :

Étape 1 : Analyse de l'opération

1. Quels comptes sont concernés par l'opération ?

2. L'opération entraîne-t-elle une augmentation ou une diminution du solde global, et de combien ?

3. Les comptes concernés relèvent-ils de l'actif, du passif, des charges ou des produits ?

Étape 2 : Application du principe de la partie double

1. Déterminer les comptes à débiter et les comptes à créditer.

2. S'assurer que le total des débits est égal au total des crédits pour chaque opération.

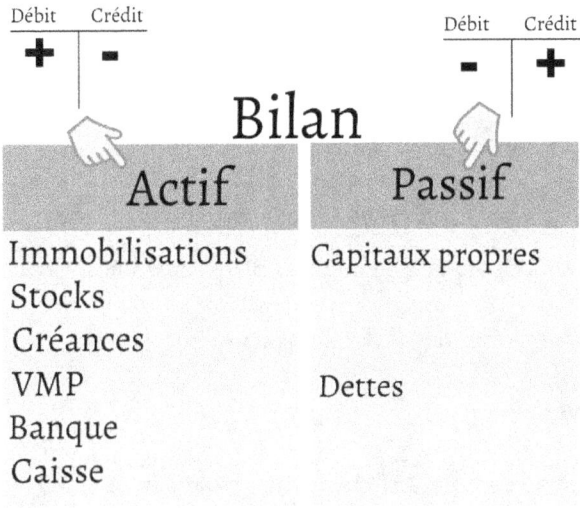

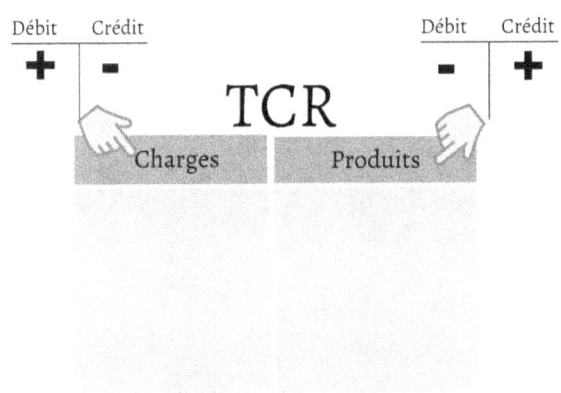

Opération : Achat de marchandises pour 10 000 €

- **Comptes concernés :**

    - Achats de marchandises (compte de charges)

    - Banque (compte d'actif)

- **Analyse :**

    - Le compte "Achats de marchandises" augmente (charge)

    - Le compte "Banque" diminue (actif)

- **Enregistrement :**

    - Débit du compte "Achats de marchandises" : 10 000 €

    - Crédit du compte "Banque" : 10 000 €

Opération : Vente de marchandises pour 25 000 €

- **Comptes concernés :**

    - Ventes (compte de produits)

    - Banque (compte d'actif)

- **Analyse :**

    - Le compte "Ventes" augmente (produit)

    - Le compte "Banque" augmente (actif)

- **Enregistrement :**

    - Débit du compte "Banque" : 25 000 €

    - Crédit du compte "Ventes" : 25 000 €

Opération : Paiement des salaires pour 1 500 €

- **Comptes concernés :**

  - Charges de personnel (compte de charges)

  - Banque (compte d'actif)

- **Analyse :**

  - Le compte "Charges de personnel" augmente (charge)

  - Le compte "Banque" diminue (actif)

- **Enregistrement :**

  - Débit du compte "Charges de personnel" : 1 500 €

  - Crédit du compte "Banque" : 1 500 €

Opération : Facture de nettoyage pour 500 €

- **Comptes concernés :**

  - Charges externes (compte de charges)

  - Banque (compte d'actif)

- **Analyse :**

  - Le compte "Charges externes" augmente (charge)

  - Le compte "Banque" diminue (actif)

- **Enregistrement :**

  - Débit du compte "Charges externes" : 500 €

  - Crédit du compte "Banque" : 500 €

Opération : Dépréciation du mobilier pour 120 €

- **Comptes concernés :**

    - Dotations aux amortissements (compte de charges)

    - Amortissements cumulés (compte d'actif)

- **Analyse :**

    - Le compte "Dotations aux amortissements" augmente (charge)

    - Le compte "Amortissements cumulés" augmente (actif)

- **Enregistrement :**

    - Débit du compte "Dotations aux amortissements" : 120 €

    - Crédit du compte "Amortissements cumulés" : 120 €

Opération : Taxe d'entreprise de 200 € reçue en janvier et payée en février

- **Comptes concernés :**

    - Charges de taxes (compte de charges)

    - Dettes fiscales (compte de passif)

    - Banque (compte d'actif)

- **Analyse :**

    - En janvier :

        - Le compte "Charges de taxes" augmente (charge)

- Le compte "Dettes fiscales" augmente (passif)

- En février :

  - Le compte "Dettes fiscales" diminue (passif)

  - Le compte "Banque" diminue (actif)

- **Enregistrement en janvier** :

  - Débit du compte "Charges de taxes" : 200 €

  - Crédit du compte "Dettes fiscales" : 200 €

- **Enregistrement en février** :

  - Débit du compte "Dettes fiscales" : 200 €

  - Crédit du compte "Banque" : 200 €

En suivant ces étapes et en utilisant le principe de la partie double, chaque opération est enregistrée de manière précise et équilibrée.

Le plan comptable général :

Le Plan Comptable Général (PCG) est un système de codification utilisé pour standardiser la tenue des comptes en entreprise. Il attribue des codes spécifiques à chaque type de compte. Par exemple, le compte "Fournisseur de biens et services" est identifié par le code 401.

Mais pourquoi ce compte est-il codifié "401" ? Voici l'explication !

Tout d'abord, le PCG organise les comptes en classes, au nombre de huit. Les cinq premières classes concernent le bilan, tandis que les classes 6 à 8 sont dédiées au compte de résultat.

Chaque classe regroupe des comptes similaires, permettant une structure claire et uniforme pour la gestion comptable. Voici un aperçu de la classification :

1. **Classe 1 : Comptes de capitaux**

2. **Classe 2 : Comptes d'immobilisations**

3. **Classe 3 : Comptes de stocks et en-cours**

4. **Classe 4 : Comptes de tiers**

5. **Classe 5 : Comptes financiers**

6. **Classe 6 : Comptes de charges**

7. **Classe 7 : Comptes de produits**

8. **Classe 8 : Comptes spéciaux**

Le compte 401 appartient à la classe 4, qui regroupe les comptes de tiers. Plus précisément, les comptes commençant par "40" sont réservés aux fournisseurs et comptes rattachés. Ainsi, le code 401 identifie spécifiquement les fournisseurs de biens et services.

Cette codification systématique facilite la gestion comptable et permet une analyse rapide et précise des transactions financières de l'entreprise.

Reprenons les opérations effectuées par la boutique

Opération1 : Achat de marchandises pour 10 000 €

- **Comptes concernés :**

    - Achats de marchandises (compte de charges)

    - Banque (compte d'actif)

Achat de marchandises : Compte de charges   classe 6, à la lecture du plan comptable on retrouve le compte 607.

Banque : Compte financier classe 5, à la lecture du plan comptable on retrouve le compte 512.

Journal de l'entreprise

N° Compte	Intitulé du compte	Débit	Crédit
607.	Achat de marchandises	10 000 €	
512.	Banque		10 000 €
	Comptabilisation opération		
	achat		

Pour plus d'organisation et de clarté, l'écriture est scindée en deux écritures dans deux journaux auxiliaires Différents :

Journal des achats : Comptabilisation de la facture d'achat

N° Compte	Intitulé du compte	Débit	Crédit
607.	Achat de marchandises	10 000 €	
401.	Fournisseurs de biens et service		10 000 €
	Comptabilisation opération achat		

&

Journal de banque : Comptabilisation du paiement de la facture

N° Compte	Intitulé du compte	Débit	Crédit
401.	Fournisseurs de biens et service	10 000 €	
512.	Banque		10 000 €
	Comptabilisation opération de		
	paiement		

Opération : Vente de marchandises pour 25 000 €

- **Comptes concernés :**

  - Ventes (compte de produits)

  - Banque (compte d'actif)

Vente de marchandises, compte de produit 707.

Banque, compte financier 512.

Journal de l'entreprise

N° Compte	Intitulé du compte	Débit	Crédit
512.	Banque	25 000 €	
707.	Vente de marchandises		25 000 €
	Comptabilisation opération		
	vente		

Pour plus d'organisation et de clarté, l'écriture est scindée en deux écritures dans deux journaux auxiliaires Différents :

Journal des ventes : Comptabilisation de la facture de vente

N° Compte	Intitulé du compte	Débit	Crédit
411.	Client	25 000 €	
707.	Vente de marchandises		25 000 €
	Comptabilisation opération DE		
	VENTE		

&

Journal de banque : Comptabilisation de l'encaissement

N° Compte	Intitulé du compte	Débit	Crédit
512.	Banque	25 000 €	
411.	Client		25 000 €
	Comptabilisation opération		
	d'encaissement		

ZOOM sur La taxe sur la valeur ajoutée

Introduisons la TVA.

Les opérations comptabilisées dans l'exemple ci-dessus doivent comporter la TVA.

La TVA que ce que c'est ?

La TVA est une taxe qui s'applique à toutes les transactions effectuées.

Une facture de vente inclut le montant de la vente hors taxes (HT) auquel s'ajoute la TVA (TVA encaissée auprès du client).

Une facture d'achat inclut le montant de l'achat hors taxes (HT) auquel s'ajoute la TVA (TVA payée au fournisseur).

Les entreprises récupèrent la TVA payée aux fournisseurs lors des déclarations de TVA. Ainsi, la TVA est finalement supportée par le consommateur final (les ménages).

La TVA encaissée par les entreprises au moment de la vente est appelée TVA collectée, car elle est perçue pour le compte de l'État.

En revanche, la TVA payée au fournisseur par l'entreprise lors de l'achat est appelée TVA déductible, car l'entreprise la déduit lors de la déclaration de TVA.

Les paiements et les encaissements sont donc des montants toutes taxes comprises (TTC). Le montant de la TVA se calcule comme suit : Montant HT * taux de TVA.

Il peut y avoir plusieurs taux de TVA dans un pays. En France, il existe trois taux, le taux courant étant de 20 %.

Reprenons la comptabilisation des opérations effectuées par la boutique, considérons un taux de TVA de 20 %.

Journal des achats : Comptabilisation de la facture d'achat

N° Compte	Intitulé du compte	Débit	Crédit
607.	Achat de marchandises	10 000 €	
44566.	TVA déductible sur biens / services	2000 €	
401.	Fournisseurs de biens et service		12 000 €
	Comptabilisation opération achat		

Journal de banque : Comptabilisation du paiement de la facture

N° Compte	Intitulé du compte	Débit	Crédit
401.	Fournisseurs de biens et service	12 000 €	
512.	Banque		12 000 €
	Comptabilisation opération de paiement		

Journal des ventes : Comptabilisation de la facture de vente

N° Compte	Intitulé du compte	Débit	Crédit
411.	Client	30 000 €	
707.	Vente de marchandises		25 000 €
44571.	TVA collectée		5000 €
	Comptabilisation opération DE VENTE		

Journal de banque : Comptabilisation de l'encaissement

N° Compte	Intitulé du compte	Débit	Crédit
512.	Banque	30 000 €	
411.	Client		30 000 €
	Comptabilisation opération d'encaissement		

En règle générale :

Comptabilisation d'une facture d'achat de marchandises

Au journal des achats :

N° Compte	Intitulé du compte	Débit	Crédit
607.	Achat de marchandises	HT	
44566.	TVA déductible sur biens / services	TVA	
401.	Fournisseurs de biens et service		HT + TVA
	Comptabilisation opération achat		

Comptabilisation du paiement d'une facture d'achat

Au journal de banque

N° Compte	Intitulé du compte	Débit	Crédit
401.	Fournisseurs de biens et service	TTC	
512.	Banque		TTC
	Comptabilisation opération de paiement		

Comptabilisation d'une facture de vente de marchandises

Au journal des ventes :

N° Compte	Intitulé du compte	Débit	Crédit
411.	Client	TVA + HT	
707.	Vente de marchandises		HT
44571.	TVA collectée		TVA
	Comptabilisation opération DE VENTE		

Comptabilisation de l'encaissement d'une facture de vente

Au journal de banque

N° Compte	Intitulé du compte	Débit	Crédit
512.	Banque	TTC	
411.	Client		TTC
	Comptabilisation opération d'encaissement		

[46]

La déclaration de TVA

Chaque fin du mois/

L'entreprise effectue l'état des TVA. Elle compare entre l

<u>*Si :*</u>

TVA collectée > TVA déductible   la déclaration de TVA fait ressortir une TVA à payer à l'Etat

<u>**&**</u>

<u>*Si :*</u>

TVA collectée < TVA déductible   la déclaration de TVA fait ressortir un crédit de TVA qui sera reporté sur les prochaines déclarations de TVA.

Dans notre exemple, la boutique de vêtement a **payé 2000 € de TVA déductible** lors de son achat de marchandises, et a **encaissé 5000 € de TVA collectée** lors de la revente.

La TVA collectée est donc supérieure à la TVA déductible, la boutique en doit le solde à l'ETAT et doit le reverser.

Comptabilisation de la déclaration de TVA

Au journal des opérations diverses (OD) :

N° Compte	Intitulé du compte	Débit	Crédit
44571.	TVA collectée	5000	
44566.	TVA déductible sur ABS		2 000
44551.	TVA à décaisser		3 000
	Comptabilisation de la déclaration de TVA		

Au journal de Banque

N° Compte	Intitulé du compte	Débit	Crédit
44551.	TVA à décaisser	3000	
512.	Banque		3000
	Comptabilisation du paiement de la TVA		

Comptabilisation des opérations les plus courantes

Opérations d'achat

Achat de marchandises, paiement au comptant par chèque ou virement bancaire

Numéro de compte	Désignation du compte	Débit	Crédit
607.	Achat de marchandises	Montant en HT	
44566.	TVA déductible sur ABS	TVA	
401.	Fournisseurs d'ABS		Montant TTC
401.	Fournisseurs d'ABS	Montant TTC	
512.	Banque		Montant TTC

Exemple numérique : Enregistrer la facture FA 120 du 2 janvier N relative à l'achat de 103 000 € de marchandises. Fournisseur GHOST. Le paiement intervient la même date, chèque bancaire 25. Taux de TVA applicable 20 %.

*Montant en HT : 103 000 €, TVA déductible sur ABS :20 600 € (TVA = Taux * HT)*

Montant en TTC : 123 600 € (HT+TVA)

Numéro de compte	Désignation du compte	Débit	Crédit
607.	Achat de marchandises	103 000	
44566.	TVA déductible sur ABS	20 600	
401.	Fournisseurs d'ABS		123 600
	Fa 120 du 2 janvier N		
401.	Fournisseurs d'ABS	123 600	
512.	Banque		123 600
	CHQ n° 25		

Achat de marchandises, paiement en différé

Numéro de compte	Désignation du compte	Débit	Crédit
607.	Achat de marchandises	Montant en HT	
44566.	TVA déductible sur ABS	TVA	
401.	Fournisseurs d'ABS		Montant TTC

Exemple numérique : Enregistrer la facture FA 120 du 2 janvier N relative à l'achat de 103 000 € de marchandises. Fournisseur GHOST. Le paiement interviendra dans deux mois.

*Montant en HT : 103 000 €, TVA déductible sur ABS :20 600 € (TVA = Taux * HT)*

Montant en TTC : 123 600 € (HT+TVA)

Numéro de compte	Désignation du compte	Débit	Crédit
607.	Achat de marchandises	103 000	
44566.	TVA déductible sur ABS	20 600	
401.	Fournisseurs d'ABS		123 600

Fa 120 du 2 janvier N

Achat de marchandises, avec des RRR, et escomptes obtenus

Numéro de compte	Désignation du compte	Débit	Crédit
607.	Achat de marchandises	Net financier	
44566.	TVA déductible sur ABS	TVA	
401.	Fournisseurs d'ABS		Montant TTC
765.	Escompte obtenu		Escompte
401.	Fournisseurs d'ABS	Montant TTC	
512.	Banque		Montant TTC

Exemple numérique : Enregistrer la facture FA 120 du 2 janvier N relative à l'achat de 103 000 € de marchandises. Le fournisseur accorde une remise de 10 %, ainsi qu'un escompte de 5 % pour paiement au comptant par chèque n°25. Taux de TVA applicable 20%.

Facture d'achat FA 120

Montant en HT	103 000 €
Remise à 10 %	10 300 €
Net commercial	92 700 €
Escompte à 5 %	4 635 €
Net financier	88 065 €
TVA à 20 %	17 613 €
Montant en TTC	105 678 €

Numéro de compte	Désignation du compte	Débit	Crédit
607.	Achat de marchandises	92 700	
44566.	TVA déductible sur ABS	17 613	
401.	Fournisseurs d'ABS		105 678
765.	Escompte obtenu		4 635
401.	Fournisseurs d'ABS	105 678	
512.	Banque		105 678

Acquisition d'immobilisation

Numéro de compte	Désignation du compte	Débit	Crédit
21.	Immobilisation corporelle	Net financier	
44562.	TVA déductible sur immobilisation	TVA	
404.	Fournisseur d'immobilisation		Montant TTC
404.	Fournisseur d'immobilisation	Montant TTC	
512.	Banque		Montant TTC

Les comptes des immobilisations sont débités au montant du net financier.

Exemple numérique : Enregistrer la facture d'acquisition de la machine-outil acquise par l'entreprise GAMMA. Valeur d'achat 100 000 €. Une remise de 5 % a été accordée par le fournisseur LABY sur sa facture FA 236, ainsi qu'un escompte de 8 % pour paiement au comptant. Taux de TVA applicable 20%.

Facture d'achat FA 236

Montant en HT	100 000
Remise à 5 %	5000
Net commercial	95 000
Escompte à 8 %	7600
Net financier	87 400
TVA à 20 %	17 480
Montant en TTC	104 880

Numéro de compte	Désignation du compte	Débit	Crédit
2154.	Matériel industriel	87 400	
44562.	TVA déductible sur immobilisation	17 480	
404.	Fournisseur d'immobilisation		104 880
404.	Fournisseur d'immobilisation	104 880	
512.	Banque		104 880

Opérations de vente

Vente de marchandises, paiement au comptant par chèque ou virement bancaire

Numéro de compte	Désignation du compte	Débit	Crédit
411.	Client	Montant TTC	
707.	Vente de marchandise		Montant HT
44571.	TVA collectée		TVA
512.	Banque	Montant TTC	
411.	Client		Montant TTC

Exemple numérique : Enregistrer la facture de vente FA 25 relative à la vente de 36 000 € de marchandises, taux de TVA applicable 20 %. Encaissement dans l'immédiat par virement bancaire VIR125.

Numéro de compte	Désignation du compte	Débit	Crédit
411.	Client	43200	
707.	Vente de marchandise		36000
44571.	TVA collectée		7200
512.	Banque	43 200	
411.	Client		43 200

Vente de marchandises, paiement plus tard (en différé)

Numéro de compte	Désignation du compte	Débit	Crédit
411.	Client	Montant TTC	
707.	Vente de marchandise		Montant HT
44571.	TVA collectée		TVA

Exemple numérique : Enregistrer la facture de vente FA 25 relative à la vente de 36 000 € de marchandises, taux de TVA applicable 20 %. Encaissement Prévu dans deux mois.

Numéro de compte	Désignation du compte	Débit	Crédit
411.	Client	43200	
707.	Vente de marchandise		36000
44571.	TVA collectée		7200

Vente de marchandises, paiement au comptant par chèque ou virement bancaire, RRR et escomptes accordés

Numéro de compte	Désignation du compte	Débit	Crédit
411.	Client	Montant TTC	
665.	Escomptes accordés	Escompte	
707.	Vente de marchandises		Net commercial
44571.	TVA collectée		TVA
512.	Banque	Montant TTC	
411.	Client		Montant TTC

Exemple numérique : Enregistrer la facture de vente FA 25 relative à la vente de 36 000 € de marchandises, taux de TVA applicable 20 %. Encaissement dans l'immédiat par virement bancaire VIR125. L'entreprise accorde une remise de 5 % et un escompte pour paiement au comptant de 4 %.

Facture de vente FA25

Montant en HT	36 000
Remise à 5 %	1800
Net commercial	34 200
Escompte à 4 %	1 368
Net financier	32 832
TVA à 20 %	6 566,4
Montant en TTC	39 398,4

Numéro de compte	Désignation du compte	Débit	Crédit
411.	Client	39 398,4	
665.	Escomptes accordés	1368	
707.	Vente de marchandises		34 200
44571.	TVA collectée		6 566,4
512.	Banque	39 398,4	
411.	Client		39 398,4

Paiement des dettes

Paiement d'une dette fournisseur de biens et services

Numéro de compte	Désignation du compte	Débit	Crédit
401.	Fournisseur d'ABS	Montant TTC	
512.	Banque		Montant TTC

Exemple numérique : Enregistrer le paiement d'une dette fournisseur détenue par l'entreprise GAMMA, à la suite de l'achat durant le mois précédent de 15000 € de marchandises. Taux de TVA applicable 20%.

Numéro de compte	Désignation du compte	Débit	Crédit
401.	Fournisseur d'ABS	18 000	
512.	Banque		18 000

Encaissement d'une créance

Encaissement d'une créance client

Numéro de compte	Désignation du compte	Débit	Crédit
512.	Banque	Montant TTC	
411.	Client		Montant TTC

Exemple numérique : Enregistrer l'encaissement de la créance détenue par la société GAMMA envers le client ALPHA. Le montant en TTC : 25 000 €

Numéro de compte	Désignation du compte	Débit	Crédit
512.	Banque	25000	
411.	Client		25000

Comptabilisation des salaires

Enregistrement des salaires et des charges salariales

Numéro de compte	Désignation du compte	Débit	Crédit
6411.	Salaires et traitements	Salaires bruts	
6412.	Congés payés	Montant congés	
6413.	Primes et gratifications	Montant primes	
6414.	Indemnités et avantages	Montant indemnités	
421.	Salariés, salaires à payer		Net à payer
431.	Sécurité sociale		Cotis-salariales
437.	Autres organismes sociaux		Cotis-salariales

Enregistrement des charges patronales

Numéro de compte	Désignation du compte	Débit	Crédit
6451.	Cotisations à l'URSSAF	Cotis-patronales	
6452.	Cotisations aux mutuelles	Cotis-patronales	
6458.	Cotisations aux autres caisses	Cotis-patronales	
431.	Sécurité sociale		Cotis-patronales
437.	Autres organismes sociaux		Cotis-patronales

Paiement des salaires

Numéro de compte	Désignation du compte	Débit	Crédit
421.	Salariés, salaires à payer	Net à payer	
512.	Banque		Net à payer

Paiement des charges sociales

Numéro de compte	Désignation du compte	Débit	Crédit
431. 437.	Sécurité sociale Autres organismes sociaux	Cotis-patronales + salariales	
512.	Banque		Cotis-patronales + salariales

Exemple numérique : Enregistrer les salaires, ainsi que leur paiement au journal de la société APLHA. Les salaires sont payés la fin du mois, tandis que les charges (patronales et salariales) sont payées le mois prochain.

Salaires bruts : 128 000 €, congés payés 28 000 €, Primes : 12 000 €

Taux cotisation salariale à l'URSSAF : 25 %   Taux des cotisations patronales à URSSAF : 35%

Etablissement de la paie

Salaire brut	128 000 €	
Congés payés	28 000 €	
Primes	12 000 €	
Salaires de Base	**168 000 €**	*(Salaire brut + congés payés +Primes)*
Cotisations salariales	42 000 €	(168 000 € * 25%)
Salaires nets	**126 000 €**	(168 000 € - 42 000 €)
Cotisations patronales	58 800 €	(168 000 € * 35 %)

Enregistrement des salaires et des charges salariales

Numéro de compte	Désignation du compte	Débit	Crédit
6411. 6412. 6413. 6414.	Salaires et traitements Congés payés Primes et gratifications Indemnités et avantages	128 000 28 000 12 000	
421. 431.	Salariés, salaires à payer Sécurité sociale		126 000 42 000

Enregistrement des charges patronales

Numéro de compte	Désignation du compte	Débit	Crédit
6451.	Cotisations à l'URSSAF	58 800	
431.	Sécurité sociale		58 800

Paiement des salaires

Numéro de compte	Désignation du compte	Débit	Crédit
421.	Salariés, salaires à payer	126 000	
512.	Banque		126 000

Comptabilisation autour des emprunts bancaires

Obtention d'un emprunt

Numéro de compte	Désignation du compte	Débit	Crédit
512.	Banque	Montant encaissé	
627.	Frais bancaires	Frais en HT	
44566.	TVA déductible sur ABS	TVA sur frais	
164.	Emprunts et dettes financières		Montant de l'emprunt

Exemple numérique : Enregistrer la réception des fonds sur le compte bancaire de la société GAMMA. La société GAMMA ayant obtenu un emprunt de 12 400 €, les frais bancaires engagés sont de 2000 € en HT. TVA applicable 20 %.

Numéro de compte	Désignation du compte	Débit	Crédit
512.	Banque	10 000	
627.	Frais bancaires	2000	
44566.	TVA déductible sur ABS	400	
164.	Emprunts et dettes financières		12 400

Paiement de l'annuité, ou la mensualité de l'emprunt

Numéro de compte	Désignation du compte	Débit	Crédit
164.	Emprunt	Remboursement	
661.	Charge d'intérêt	Intérêt	
512.	Banque		Rembour + intérêt

Exemple numérique : Enregistrer le remboursement de la première mensualité de l'emprunt contracté par la société GAMMA dans l'exemple précédent. La société GAMMA décaisse 1200 € dont 200 € d'intérêt.

Numéro de compte	Désignation du compte	Débit	Crédit
164.	Emprunt	1000	
661.	Charge d'intérêt	200	
512.	Banque		1200

Déclaration de TVA

Numéro de compte	Désignation du compte	Débit	Crédit
44571.	TVA collectée	X	
4451.	TVA intracommunautaire due	X	
44566.	TVA déductible sur ABS		X
44562.	TVA déductible sur immobilisation		X
44567.	Crédit de TVA		X
44551.	**TVA à décaisser**		X
Où			
44567.	**Crédit de TVA**	X	

Si Le montant de la TVA exigible est supérieur au montant de la TVA déductible, L'écriture s'équilibre en créditant le compte (44551. TVA à décaisser).

Si Le montant de la TVA exigible est inférieur au montant de la TVA déductible, L'écriture s'équilibre en débitant le compte (44567. Crédit de TVA).

ANALYSE DES DOCUMENTS DE SYNTHESE

L'analyse n'est pas la mission du comptable ; cette étape intervient après l'établissement des documents de synthèse. La mission du comptable est de produire des documents financiers fidèles à la réalité économique de l'entreprise. Le financier, en revanche, calcule des ratios, des taux et des marges pour analyser la situation financière de l'entreprise.

À partir du bilan, il évalue :

- La structure de l'entreprise
- L'endettement de l'entreprise
- L'autonomie de l'entreprise
- La solvabilité de l'entreprise
- La liquidité de l'actif de l'entreprise

À partir du compte de résultat, il examine :

- L'évolution de l'activité de l'entreprise
- La profitabilité
- La maîtrise des charges
- La richesse créée par l'entreprise

En combinant le compte de résultat et le bilan, il analyse :

- La rentabilité financière

Analyser implique nécessairement de comparer. Pour comprendre pleinement une situation ou un ensemble de données, il est indispensable de les mettre en perspective par rapport à des références ou des normes. Cette comparaison peut se faire **avec des périodes antérieures (analyse temporelle)**, avec **des concurrents ou des normes sectorielles (analyse comparative)**, ou avec **des objectifs préétablis**. Comparer permet d'identifier des tendances, des écarts et des anomalies, et d'en tirer des conclusions pertinentes. Sans comparaison, l'analyse perd de sa profondeur et de sa capacité à fournir des insights significatifs. En somme, la comparaison est le fondement de toute analyse rigoureuse et éclairante.

Analyse des bilans

a- La structure de l'entreprise :

Une entreprise doit financer ses actifs à long terme avec ses passifs (ressources) à long terme. Les ressources restantes constituent le fonds de roulement de l'entreprise, qui sert à financer le besoin en fonds de roulement.

Reprenons le bilan au 1 janvier N de notre boutique :

Le bilan avant l'activité du mois de janvier :

ACTIFS	PASSIFS
Mobiliers et équipements : 3000 €	Capital social : 10 500 €
Stock de vêtements : 10 000 €	
Créances clients : 2000 €	Emprunt bancaire : 7000 €
Caisse et banque : 5000 €	Fournisseurs : 2500 €
Total des actifs : 20 000 €	Total des passifs : 20 000 €

ACTIFS STABLES		PASSIFS STABLES	
Actifs à long terme	**3 000 €**	**Passif à long terme**	**17 500 €**
Mobilier et équipements	3000 €	Capital social	10 500 €
		Emprunt bancaire	7 000 €
Fonds de roulement	**14 500 €**	Le fonds de roulement = passifs stables – actifs stables	

Le fonds de roulement de notre boutique est positif de 14 500 €, ce qui signifie que la boutique dispose de suffisamment de fonds pour financer son besoin en fonds de roulement.

Le besoin en fonds de roulement est représenté par les actifs circulants. Concrètement, la boutique a besoin de fonds pour acheter ses stocks et accorder des délais de paiement à ses clients. Ce besoin est réduit par les délais de paiement que les fournisseurs accordent à la boutique.

ACTIFS CIRCULANTS		PASSIFS CIRCULANTS	
Actifs à court terme	**12 000**	**Passif à court terme**	**2 500**
Stocks Créance	10 000 € 2000 €	Dette fournisseur	2500 €
Le besoin en fonds de roulement = actifs circulants – passifs circulants		**BESOINS EN FONDS DE ROULEMENT**	**9500 €**

Le fonds de roulement	14 500 €	La boutique dispose de fonds pour assurer ses besoins en exploitation de 14 500 €
Besoins en fonds de roulement	9500 €	Les besoins à court terme pour financer son exploitation sont évalués à 9500 €
Trésorerie	5000 € (Voir le solde bancaire sur le bilan)	Les fonds non utilisables dans l'immédiat sont déposés en banque.

b- Endettement et autonomie financière :

Reprenons le bilan de la boutique

Le bilan avant l'activité du mois de janvier :

ACTIFS	PASSIFS
Mobiliers et équipements : 3000 €	Capital social : 10 500 €
Stock de vêtements : 10 000 €	
Créances clients : 2000 €	Emprunt bancaire : 7000 €
Caisse et banque : 5000 €	Fournisseurs : 2500 €
Total des actifs : 20 000 €	Total des passifs : 20 000 €

L'endettement

Ratio de l'endettement = Dettes long terme / capitaux propres

7 000 / 10 500 Soit 66,66 %

Nous allons nous focaliser sur les dettes à long terme, car les dettes à court terme sont généralement temporaires et ne sont pas prises en compte dans l'analyse de l'endettement.

Pour évaluer la gestion de son endettement, ce ratio doit être comparé à la moyenne observée chez d'autres boutiques opérant dans le même environnement (même secteur, même taille, etc.).

L'autonomie financière

Capitaux propres / total du bilan

10 500 / 20 000 soit **52,5 %**

Ce ratio indique dans quelle mesure l'entreprise utilise ses propres fonds plutôt que des fonds empruntés pour financer ses activités. Un ratio élevé suggère une forte autonomie financière et une faible dépendance vis-à-vis de l'endettement.

Pour évaluer son autonomie financière, la boutique devra comparer ce ratio à la moyenne observée chez d'autres boutiques ressemblantes.

Par ailleurs, ces ratios sont en constantes évolutions, prenons par exemple le bilan arrêté après les opérations de janvier :

Le bilan de clôture du mois de janvier

ACTIFS	PASSIFS
Mobiliers et équipements : 3000 €	Capital social : 10 500 €
(Moins) Amortissement : 120 €	Résultat : 17 680 €
Mobilier et équipements net : 2880 €	Emprunt bancaire : 7000 €
	Fournisseurs : 2500 €
Stock de vêtements : 15 000 €	Dette fiscale : 200 €
Créances clients : 2000 €	
Caisse et banque : 18 000 €	
TOTAL ACTIF : 37 880	**TOTAL PASSIF : 37 880 €**

Calcul du ratio d'endettement aux deux dates :

	Bilan au 1 janvier	Bilan au 31 janvier	
Dettes financière	7 000 €	7 000 €	
Capitaux propres	10 500 €	28 180 €	Le capital + résultat
Ratio endettement	**66,66 %**	**24,84 %**	Amélioration du ratio

Calcul du ratio de l'autonomie financière aux deux dates :

	Bilan au 1 janvier	Bilan au 31 janvier	
Total du bilan	20 000 €	37 880 €	
Capitaux propres	10 500 €	28 180 €	Le capital + résultat
Ratio endettement	**52,5 %**	**73,39 %**	Amélioration du ratio

C- Solvabilité et liquidité :

La solvabilité se définit comme l'évaluation de la capacité d'une entreprise à honorer l'ensemble de ses dettes en utilisant la totalité de ses actifs. Évaluer la solvabilité nécessite de considérer l'hypothèse d'une cessation d'activité de la société.

Formule : Total des actifs / total des dettes **20 000 € / (7 000 + 2500) Soit 2,10**

L'actif pour notre boutique représente 2,10 le total des dettes. Si l'entreprise devait arrêter son activité, elle pourrait régler l'intégralité de ses dettes grâce à l'actif en sa possession.

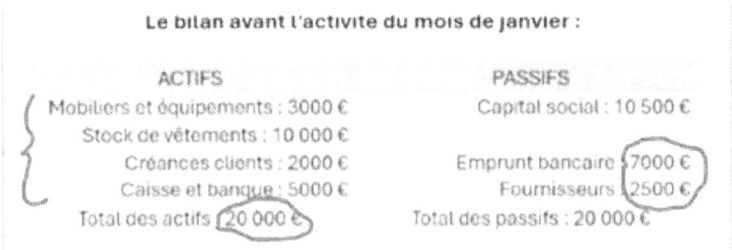

Le bilan avant l'activité du mois de janvier :

ACTIFS | PASSIFS
Mobiliers et équipements : 3000 € | Capital social : 10 500 €
Stock de vêtements : 10 000 € |
Créances clients : 2000 € | Emprunt bancaire 7000 €
Caisse et banque : 5000 € | Fournisseurs 2500 €
Total des actifs 20 000 € | Total des passifs : 20 000 €

La liquidité Les trois ratios de liquidité couramment utilisés sont :

1. **Le ratio de liquidité générale :** Il mesure la capacité d'une entreprise à rembourser ses dettes à court terme en utilisant tous ses actifs liquides (y compris les stocks et les comptes clients) pour rembourser ses passifs à court terme.

ACTIFS | PASSIFS
Mobiliers et équipements : 3000 € | Capital social : 10 500 €
Stock de vêtements : 10 000 € |
Créances clients : 2000 € | Emprunt bancaire : 7000 €
Caisse et banque 5000 € | Fournisseurs 2500 €
Total des actifs : 20 000 € | Total des passifs : 20 000 €

(Stock + créances + trésorerie / dettes à court terme)

(10 000 + 2000 + 5000) / 2500 soit 6,8

La boutique à une capacité de rembourser 6,8 fois ses dettes court terme en utilisant l'intégralité de ses actifs circulants.

2. **Le ratio de liquidité réduite (ou rapide) :** Ce ratio est une mesure plus restrictive de la capacité d'une entreprise à rembourser ses dettes à court terme. Il exclut les stocks de la catégorie des actifs liquides car ceux-ci ne peuvent pas toujours être rapidement convertis en espèces.

ACTIFS	PASSIFS
Mobiliers et équipements : 3000 €	Capital social : 10 500 €
Stock de vêtements : 10 000 €	
Créances clients : 2000 €	Emprunt bancaire : 7000 €
Caisse et banque : 5000 €	Fournisseurs : 2500 €
Total des actifs : 20 000 €	Total des passifs : 20 000 €

(créances + trésorerie / dettes à court terme)

(2000 + 5000) / 2500 soit 2,8. L'entreprise peut payer l'équivalent de 2,8 fois ses dettes à court terme en utilisant ses créances et trésorerie.

3. **Le ratio de liquidité immédiate :** C'est la mesure la plus stricte de la liquidité. Il exclut à la fois les stocks et les comptes clients des actifs liquides, ne considérant que les éléments les plus liquides tels que la trésorerie et les équivalents de trésorerie.

ACTIFS	PASSIFS
Mobiliers et équipements : 3000 €	Capital social : 10 500 €
Stock de vêtements : 10 000 €	
Créances clients : 2000 €	Emprunt bancaire : 7000 €
Caisse et banque : 5000 €	Fournisseurs : 2500 €
Total des actifs : 20 000 €	Total des passifs : 20 000 €

Créances / dettes à court terme

5000 € / 2500 € soit 2 l'argent en banque et caisse suffit à payer deux fois les dettes à court terme.

Analyse du tableau de compte de résultat

a- L'évolution de l'activité de l'entreprise :

Le niveau d'activité est mesuré par les quantités vendues, ou et des chiffres d'affaires réalisés.

Le chiffre d'affaires est un indicateur clé de la performance de l'entreprise. Suivre son évolution aide à mesurer la **croissance**, à identifier les périodes de baisse et à prendre des mesures correctives.

Reprenons l'activité de notre boutique. La propriétaire nous fournit les chiffres d'affaires réalisés sur les 3 dernières années :

	Année N-3	Année N-2	Année N-1
Chiffres d'affaires réalisés	250 000 €	302 000 €	350 000 €

On observe un chiffre d'affaires en augmentation.

On peut calculer les évolutions et les taux d'évolution sur la période étudiée.

Variation du CA en € = Valeur d'arrivée – Valeur de départ

Variation du CA en % = (Valeur d'arrivée – valeur de départ) / Valeur de départ.

	Variation par rapport à l'année précédente	Variation en %
Année N-3		
Année N-2	52 000 €	+ 20,8 %
Année N-1	48 000 €	+ 15,89 %

Ces augmentations doivent être expliquées et rattachées à des objectifs ainsi qu'à un contexte économique. Une hausse du chiffre d'affaires peut avoir plusieurs raisons :

- Une augmentation des prix moyens

- Une augmentation des quantités vendues

b- La profitabilité

Définition de la profitabilité :

La profitabilité indique combien une entreprise gagne pour chaque unité monétaire de chiffre d'affaires généré, et elle est essentielle pour évaluer la viabilité et la performance financière à long terme de l'entreprise.

En formule :

Profitabilité = Résultat / chiffre d'affaires

Reprenons le tableau compte de résultat de la boutique étudié :

CHARGES		PRODUITS	
Achat de marchandises	10 000 €	Vente de marchandises	25 000 €
Variation des stocks	(5000€)		
Charges externes	500 €		
Impôts et taxes	200 €		
Charges salariales	1500 €		
DAP	120 €		
TOTAL DES CHARGES	7 320 €	TOTAL DES PRODUITS	25 000 €
RESULAT (Bénéfice)	17 680 €		

La profitabilité = 17 680 / 25 000 soit 70,72 €

Ce chiffre signifie que la boutique de vêtements génère 70,72 € de bénéfice pour chaque 100 € de chiffre d'affaires réalisé. Analyser la profitabilité de l'entreprise c'est comparer ce chiffre avec les moyennes du secteur et avec les profitabilités réalisé les mois précédents.

c- La maitrise des charges

Lorsque l'activité de l'entreprise progresse, il est courant que les charges augmentent également. Bien que cette augmentation soit généralement considérée comme normale et acceptable par tout chef d'entreprise, il est crucial de s'assurer que les charges croissent de manière proportionnelle au chiffre d'affaires.

On reprend notre tableau de compte de résultat :

CHARGES		PRODUITS	
Achat de marchandises	10 000 €	Vente de marchandises	25 000 €
Variation des stocks	(5000€)		
Charges externes	500 €		
Impôts et taxes	200 €		
Charges salariales	1500 €		
DAP	120 €		
TOTAL DES CHARGES	7 320 €	TOTAL DES PRODUITS	25 000 €
RESULAT (Bénéfice)	17 680 €		

Prenons le poste des charges : les charges salariales

Le ratio = Charges salariales / chiffre d'affaires

Soit 1500 € / 25 000 € = **6** % Ce ratio signifie que pour chaque 100 € de chiffre d'affaires réalisé, 6 € servent à payer les salaires et charges sociales.

Si la proprio ESTIME ce ratio satisfaisant, quel serait le montant des salaires et charges sociales acceptables pour un chiffre d'affaires de 125 000 € ?

Si le chiffre d'affaires mensuel de la boutique passe de 25 000 € à 125 000 €, il est normal que l'activité nécessite plus de salariés et plus d'heures de main-d'œuvre. Cependant, il est crucial de veiller à ce que le ratio reste stable.

Par exemple, si le ratio est de 6 %, les charges liées à la main-d'œuvre ne devraient pas dépasser **7 500 € (6 % de 125 000 €).** Une augmentation supérieure à 7 500 € détériorerait ce ratio.

d- La richesse créée par l'entreprise

'' Il n'y a que l'entreprise qui soit créatrice de richesse '' Pierre BOURDIEU sociologue français.

La richesse créée par les entreprises est nommée VALEUR AJOUTEE : Les entreprises transforment les matières premières et les ressources en produits finis ayant une valeur supérieure. Par exemple, une entreprise de fabrication de meubles prend du bois brut et le transforme en meubles finis, créant ainsi de la valeur ajoutée tout au long du processus.

Reprenons le tableau de compte de résultat de notre boutique de vêtements :

CHARGES		PRODUITS	
Achat de marchandises	10 000 €	Vente de marchandises	25 000 €
Variation des stocks	(5000€)		
Charges externes	500 €		
Impôts et taxes	200 €		
Charges salariales	1500 €		
DAP	120 €		
TOTAL DES CHARGES	7 320 €	TOTAL DES PRODUITS	25 000 €
RESULAT (Bénéfice)	17 680 €		

Marge commerciale : La boutique revend des vêtements à un prix de 25 000 €. Ces vêtements avaient été achetés 5000 €

La marge commerciale = Vente de marchandises – Coût des marchandises vendues

25 000 – 5000 = **20 000 €**

Valeur ajoutée : De cette marge réalisée, on soustrait tous les achats effectués auprès d'entreprise extérieurs, on obtient la richesse créée par les salariés de l'entreprise.

La valeur ajoutée = Marge commerciale – Services extérieurs

20 000 € - 500 € = **19 500 €**

L'excédent brut d'exploitation : Cette valeur ajoutée créée sert en premier lieu à payer les salariés, et les taxes. Le solde constitue l'excédent brut d'exploitation (EBE)

L'EBE = Valeur ajoutée – salaires – impôts et taxes.

*19500 – 1500 – 200 = **17800 €***

Analyse de la rentabilité de l'entreprise

La rentabilité se mesure en comparant le résultat d'une entreprise aux moyens qu'elle a investis pour le réaliser. Le résultat se trouve dans le tableau de compte de résultat, tandis que les moyens sont obtenus à partir du bilan (N-1). **La rentabilité financière est la rentabilité obtenue en utilisant que les capitaux propres. Elle est calculée en divisant le résultat net par les capitaux propres de l'entreprise."**

Reprenons le bilan de la boutique, sachant qu'elle a réalisé un bénéfice sur la période de janvier de 17 680 €.

Le bilan avant l'activité du mois de janvier :

ACTIFS	PASSIFS
Mobiliers et équipements : 3000 €	Capital social : 10 500 €
Stock de vêtements : 10 000 €	
Créances clients : 2000 €	Emprunt bancaire : 7000 €
Caisse et banque : 5000 €	Fournisseurs : 2500 €
Total des actifs : 20 000 €	Total des passifs : 20 000 €

Rentabilité financière = Résultat / capitaux propres

RF = 17 680 / 10 500   soit **168,38 %**

La rentabilité économique est la rentabilité de l'ensemble des capitaux (propres + empruntés). Elle est calculée en divisant le résultat d'exploitation par les capitaux propres + les dettes financières de l'entreprise."

Rentabilité économique = Résultat d'exploitation / (capitaux propres +dettes financières)

RE = 17 680 / 17 500 soit **101,02 %**

Effet de levier

La différence entre les deux rentabilités représente l'effet de levier, ou l'effet de ciseaux.

Si la **RF > RE** c'est un **effet de levier**, cela veut dire que l'endettement a un impact positif sur la rentabilité financière. En d'autres termes, vaut mieux travailler avec l'argent des banques, car le coût de l'emprunt n'est pas élevé.

Si **RF< RE** c'est un **effet de ciseau**, l'endettement coûte cher, les charges financières détériorent le résultat et par conséquent la rentabilité financière, vaut mieux donc travailler avec les capitaux propres de l'entreprise et ne pas faire recours aux emprunts.

www.ingramcontent.com/pod-product-compliance
Lightning Source LLC
Chambersburg PA
CBHW082152230526
45467CB00044B/3193

9798386334185